W9-CKH-754